Anne Wilson

# Platos clásicos de Verduras

**KÖNEMANN**

# Patatas fritas

**Tiempo de preparación:**
5 minutos
**Tiempo de cocción:**
20 minutos
**Para 4–6 personas**

5–6 patatas grandes
abundante aceite, para freír

1 Corte las patatas longitudinalmente en tiras de 1 cm de ancho. Llene con aceite una sartén grande de fondo pesado hasta la mitad y caliéntelo. Fría las patatas en tandas entre 4 y 5 minutos, o hasta que se empiecen a dorar. Retírelas con unas pinzas o con una espumadera y escúrralas sobre papel de cocina.

2 Justo antes de servir, recaliente el aceite. Fría las patatas durante 2 ó 3 minutos, o hasta que estén doradas y crujientes. Escúrralas sobre papel de cocina y sálelas.

**VALOR NUTRITIVO POR RACIÓN (6)**
proteínas 5 g; grasas 30 g; hidratos de carbono 35 g; fibra 4 g; colesterol 0 mg; 450 kcal (1885 kJ)

# Gajos de patata

**Tiempo de preparación:**
10 minutos
**Tiempo de cocción:**
20 minutos
**Para 4 personas**

4–5 patatas viejas grandes, lavadas
125 g de harina blanca
3–4 cucharaditas de sazonador para pollo
1 cucharadita de pimienta blanca

1 cucharadita de pimentón dulce
2 cucharaditas de ajo en polvo
abundante aceite, para freír
crema agria y salsa dulce de guindilla, para servir

1 Lave bien las patatas y déjelas húmedas para que la cobertura se adhiera con facilidad. Puede pelarlas o dejarlas con piel, según sus preferencias. Corte cada patata en 10 porciones a modo de gajos de naranja.
2 Mezcle la harina, el sazonador para pollo, la pimienta, el pimentón y el ajo en polvo. Pase las patatas por la harina sazonada. (Para ello puede agitarlo todo junto dentro de una bolsa de plástico.) Reserve la harina sobrante.
3 Llene con aceite una sartén grande de fondo pesado hasta

la mitad y caliéntelo. O bien, caliente sólo 2 cm de aceite. Fría las patatas por tandas durante 2 ó 3 minutos, o hasta que empiecen a dorarse. Retírelas de la sartén con unas pinzas o una espumadera. Escúrralas sobre papel de cocina y déjelas enfriar un poco.
4 Pase de nuevo las patatas por la harina sazonada, presionando para que ésta se adhiera. Fríalas de nuevo en el aceite caliente durante otros 3 ó 4 minutos, o hasta que estén doradas y crujientes.

Retírelas y escúrralas sobre papel de cocina. Espolvoréelas con un poco de sazonador para pollo adicional. Sírvalas calientes acompañadas con la crema agria y la salsa dulce de guindilla.

**VALOR NUTRITIVO POR RACIÓN**
proteínas 10 g; grasas 25 g; hidratos de carbono 65 g; fibra 5 g; colesterol 0 mg; 535 kcal (2240 kJ)

*Patatas fritas (arriba) y Gajos de patata*

# Ratatouille

**Tiempo de preparación:**
20 minutos + reposo
**Tiempo de cocción:**
40 minutos
**Para 4 personas**

| | |
|---|---|
| 250 g de berenjena, cortada en dados | 1 pimiento rojo, en dados |
| 80 ml de aceite de oliva | 1 pimiento verde, en dados |
| 250 g de calabacín, en rodajas gruesas | 2–3 dientes de ajo, majados |
| 2 cebollas, troceadas | 500 g de tomates maduros, troceados |

**1** Sale generosamente la berenjena y déjela reposar 20 minutos. Aclárela y séquela con papel de cocina. Caliente 3 cucharadas del aceite en una cacerola grande de fondo pesado. Dore ligeramente la berenjena junto con el calabacín en tandas. A continuación, escúrralo sobre papel de cocina.

**2** Añada a la cacerola el resto de aceite. Agregue la cebolla y rehóguela a fuego lento durante 2 minutos. Incorpore el pimiento y saltéelo durante 5 minutos, o hasta que esté tierno pero sin que llegue a dorarse. Añada el ajo y el tomate troceado y siga salteando, sin dejar de remover, unos 5 minutos más.

**3** Incorpore la berenjena y el calabacín. Déjelo cocer entre 10 y 15 minutos para reducir la salsa hasta que espese. Salpimiéntelo.

**VALOR NUTRITIVO POR RACIÓN**
proteínas 5 g; grasas 20 g; hidratos de carbono 10 g; fibra 5 g; colesterol 0 mg; 245 kcal (1040 kJ)

*Ponga la berenjena en un colador y sálela generosamente.*

*Aclare bien la berenjena y séquela con papel de cocina.*

*Dore ligeramente la berenjena junto con el calabacín, por tandas.*

*Añada el pimiento a la cebolla y saltéelo hasta que esté tierno.*

# Verduras chinas

**Tiempo de preparación:**
5 minutos
**Tiempo de cocción:**
10 minutos
**Para 4 personas**

| | |
|---|---|
| 500 g pak–choi | 2 cucharaditas de aceite |
| 800 g de brécol chino | de sésamo |
| 80 ml de salsa de ostras | |

**1** Lave bien la pak–choi y el brécol y escurra el exceso de agua. Recorte los extremos y corte las verduras en trozos grandes. Si los tallos de la pak–choi son muy gruesos, córtelos longitudinalmente por la mitad.

**2** Coloque los trozos de brécol en una cesta, preferiblemente de bambú, y póngala sobre una cacerola con agua hirviendo. Tápela y cueza las verduras al vapor unos 5 ó 6 minutos. Añada los tallos de pak–choi, tápelo y siga cociendo al vapor otros 2 minutos.
**3** Pase las verduras cocidas a un cuenco para servir. Vierta por encima la salsa de ostras y remueva suavemente para distribuirla de manera uniforme. Sirva las verduras aderezadas con el aceite de sésamo.

**VALOR NUTRITIVO POR RACIÓN**
proteínas 15 g; grasas 3 g; hidratos de carbono 10 g; fibra 10 g; colesterol 0 mg; 120 kcal (505 kJ)

# Verduras salteadas

**Tiempo de preparación:**
15 minutos
**Tiempo de cocción:**
8 minutos
**Para 4 personas**

| | |
|---|---|
| 1 cucharada de semillas | 1 cucharadita de aceite de |
| de sésamo | sésamo |
| 2 cebolletas | 1 diente de ajo, majado |
| 250 g de brécol | 2 cucharaditas de jengibre |
| 1 pimiento rojo | fresco rallado |
| 1 pimiento amarillo | 1 cucharada de salsa de soja |
| 150 g de champiñones | 1 cucharada de miel |
| pequeños | 1 cucharada de salsa dulce |
| 1 cucharada de aceite | de guindilla |

**1** Coloque las semillas de sésamo en una bandeja de horno y tuéstelas bajo el gratinador hasta que se doren. Corte las cebolletas en rodajas finas y el brécol en ramilletes pequeños. Corte los pimientos por la mitad y después en tiras finas. Corte los champiñones por la mitad.
**2** Caliente los aceites en un wok o una sartén grande. Añada el ajo, el jengibre y la

cebolleta. Saltéelo a fuego medio durante 1 minuto. Agregue el brécol, el pimiento y los champiñones. Saltéelo durante otros 2 minutos o hasta que las verduras estén tiernas pero aún conserven colores intensos.
**3** En un cuenco, mezcle bien la salsa de soja, la miel y la salsa dulce de guindilla.

Vierta la salsa por encima de las verduras y remueva un poco para distribuirla. Espolvoréelas con las semillas de sésamo tostadas.

**VALOR NUTRITIVO POR RACIÓN**
proteínas 5 g; grasas 10 g; hidratos de carbono 15 g; fibra 5 g; colesterol 0 mg; 155 kcal (655 kJ)

*Verduras chinas (arriba) y Verduras salteadas*

# Tarta de cebolla

**Tiempo de preparación:**
30 minutos +
35 minutos de refrigeración
**Tiempo de cocción:**
1 hora 15 minutos
**Para 6 personas**

155 g de harina
155 g de mantequilla fría,
  en trozos
3–4 cucharaditas de agua
  helada

*Relleno*
1 kg de cebollas
45 g de mantequilla

1 cucharada de aceite de
  oliva
3 cucharaditas de harina
3 huevos
185 ml de nata líquida
2 cucharadas de leche
una pizca de nuez moscada
60 g de queso emmental
  o gruyère, rallado

**1** Tamice la harina sobre un cuenco grande y añada los trozos de mantequilla. Con los dedos, mezcle la mantequilla y la harina hasta que la mezcla adquiera una textura similar al pan rallado fino. Agregue casi todo el agua y mezcle con un cuchillo hasta obtener una pasta consistente, añadiendo más agua en caso necesario. Pase la masa a una superficie ligeramente enharinada y forme una bola. (La masa también puede prepararse en un robot de cocina.)
**2** Envuelva la bola de masa en film transparente y refrigérela unos 20 minutos. Disponga la masa fría en un molde acanalado de 26 cm de diámetro, presionando y trabajando con rapidez. Refrigérela durante 15 minutos o hasta que esté consistente. Precaliente el horno a 180°C. Coloque una lámina de papel parafinado sobre la masa y cúbrala con legumbres secas o arroz. Hornéela durante 10 minutos. Retire el papel y las legumbres, y hornee la masa otros 5 minutos o hasta

que esté prácticamente cocida. Déjela enfriar.
**3 Para preparar el relleno:**
Corte las cebollas en aros. Caliente la mantequilla y el aceite en una cacerola grande de fondo pesado. Añada los aros de cebolla y rehóguelos a fuego lento, removiendo de vez en cuando, entre 30 y 35 minutos o hasta que estén muy tiernos y dorados. Esparza la harina por encima y siga cociendo, sin dejar de remover, de 2 a 3 minutos o hasta que la mezcla se dore. Retírela del fuego y déjela enfriar por completo.
**4** Bata los huevos, la nata líquida, la leche y la nuez moscada en un cuenco grande. Incorpore de forma gradual la cebolla fría y la mitad del queso rallado. Pase la mezcla a cucharadas a la base de la tarta y esparza el queso restante por encima. Hornéela entre 20 y 25 minutos o hasta que la tarta esté bien cocida y dorada. Déjela reposar durante unos 10 minutos antes de servirla.

VALOR NUTRITIVO POR RACIÓN
proteínas 15 g; grasas 50 g;
hidratos de carbono 30 g;
fibra 4 g; colesterol 230 mg;
605 kcal (2545 kJ)

**Nota** En esta receta se utilizan cebollas de color castaño en lugar de blancas porque presentan un mayor contenido en azúcar, lo que las hace más adecuadas para la caramelización y una cocción lenta. La masa para la base es muy blanda y puede resultar difícil de trabajar si hace calor. Asegúrese de que la mantequilla y el agua están tan frías como sea posible y trabaje rápidamente para evitar manipular la masa más de lo estrictamente necesario. La elaboración de la masa puede resultar más sencilla si se realiza sobre un mármol o con un ventilador cerca. Refrigere la base de la tarta hasta que quede consistente.

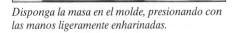

*Disponga la masa en el molde, presionando con las manos ligeramente enharinadas.*

*Esparza la harina sobre la cebolla y siga cociendo hasta que la mezcla se dore.*

# Espaguetis primavera

**Tiempo de preparación:**
20 minutos
**Tiempo de cocción:**
15 minutos
**Para 4–6 personas**

| | |
|---|---|
| **500 g de espaguetis** | **30 g de mantequilla** |
| **155 g de habas congeladas** | **220 ml de nata líquida** |
| **200 g de tirabeques, sin** | **60 g de queso parmesano** |
| **las puntas** | **recién rallado** |
| **155 g de espárragos** | |

**1** Cueza los espaguetis en una cacerola grande con agua hirviendo, a fuego fuerte, hasta que estén al dente. Escúrralos y colóquelos de nuevo en la cacerola para que se mantengan calientes.
**2** Cueza las habas en una cacerola con agua hirviendo durante 2 minutos. Sumérjalas en agua helada, escúrralas y pélelas. Cueza los tirabeques en agua hirviendo durante 2 minutos, sumérjalos en agua helada y escúrralos. Retire los extremos leñosos de los espárragos y trocéelos. Cuézalos en agua hirviendo durante 2 minutos o hasta que estén tiernos y presenten un color verde intenso. Sumérjalos en agua helada y escúrralos.
**3** Funda la mantequilla en una sartén de fondo pesado. Añada las verduras, la nata y el queso. Deje cocer 2 minutos o hasta que esté bien caliente; sazone al gusto. Vierta la salsa sobre la pasta y remuévala.

**VALOR NUTRITIVO POR RACIÓN (6)**
proteínas 15 g; grasas 25 g; hidratos de carbono 60 g; fibra 5 g; colesterol 70 mg; 535 kcal (2245 kJ)

*Añada los espaguetis a una cacerola grande con agua hirviendo.*

*Pele las habas cocidas y deseche las pielecillas.*

*Para retirar los extremos leñosos de los espárragos, doble los tallos.*

*Incorpore a la sartén los espárragos, las habas y los tirabeques.*

# Risotto con champiñones

**Tiempo de preparación:**
20 minutos
**Tiempo de cocción:**
35–40 minutos
**Para 4–6 personas**

---

750 ml de caldo de
verduras
250 ml de vino blanco
60 g de mantequilla
1 cucharada de aceite de
oliva
1 puerro, en rodajas

250 g de champiñones
grandes, en láminas
250 g de arroz arborio
50 g de queso parmesano
rallado
2 cucharadas de tomillo
fresco picado

---

**1** Ponga el caldo y el vino en una cacerola. Llévelo a ebullición, baje el fuego y déjelo cocer lentamente.
**2** Caliente la mantequilla y el aceite en una cacerola grande de fondo pesado. Rehogue el puerro a fuego medio durante 5 minutos. Agregue los champiñones y fríalos durante 5 minutos o hasta que estén tiernos. Añada el arroz y sofríalo, sin dejar de remover, durante 1 minuto.
**3** Añada 125 ml del caldo y siga removiendo hasta que se absorba. Añada entonces más caldo y repita la operación hasta que se termine el caldo y el arroz quede tierno y cre-moso (unos 25 ó 30 minutos). Incorpore el queso y el tomillo y déjelo cocer 1 minuto más o hasta que se funda el queso.

**VALOR NUTRITIVO POR RACIÓN (6)**
proteínas 10 g; grasas 15 g; hidratos de carbono 35 g; fibra 4 g; colesterol 35 mg; 340 kcal (1430 kJ)

*Con un cuchillo de cocina, recorte el tallo de los champiñones y córtelos en láminas.*

*Añada el puerro a la sartén y rehóguelo hasta que esté tierno y dorado.*

*Incorpore el arroz a la mezcla de puerro y champiñones, y sofríalo sin dejar de remover.*

*Incorpore al arroz el caldo caliente con vino, de manera gradual y removiendo constantemente.*

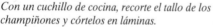

# Patatas rellenas

Saque las patatas calientes del horno, ábralas para que salga el vapor y úntelas con mantequilla y un poco de crema agria o uno de los sabrosos rellenos aquí propuestos. Resultan excelentes en cualquier ocasión.

## PATATAS ASADAS Y RELLENOS

Precaliente el horno a 210°C. Lave bien 6 patatas grandes y séquelas. Pínchelas por varios puntos con un tenedor y colóquelas directamente sobre una rejilla de horno. Hornéelas durante 1 hora o hasta que estén tiernas. Marque una cruz en la parte superior de cada patata y apriete ligeramente las esquinas para abrirlas. Cúbralas con 10 g de mantequilla y un poco de crema agria. Aderécelas con cebollino picado y pimienta negra. Si lo prefiere, utilice uno de los rellenos aquí propuestos. Para 6 personas.

**VALOR NUTRITIVO POR RACIÓN**
proteínas 5 g; grasas 15 g; hidratos de carbono 35 g; fibra 4 g; colesterol 50 mg; 315 kcal (1330 kJ)

## Relleno de champiñones y ajo

Caliente 30 g de mantequilla y 1 cucharada de aceite en una sartén grande. Añada 2 dientes de ajo majados y 2 cebolletas en rodajas. Rehóguelo a fuego medio durante 2 minutos o hasta que las cebolletas estén tiernas. Agregue 150 g de champiñones pequeños en láminas y fríalo todo durante 5 minutos o hasta que los champiñones estén tiernos y dorados. Escurra el exceso de líquido. Incorpore 1 cucharada de perejil picado y sazónelo con sal y pimienta. Introduzca el relleno en las patatas asadas y cortadas en forma de cruz.
Para 6 personas.

**VALOR NUTRITIVO POR RACIÓN**
proteínas 5 g; grasas 10 g; hidratos de carbono 35 g; fibra 5 g; colesterol 15 mg; 245 kcal (1025 kJ)

## Relleno de salsa de tomate

Ponga en un cuenco 6 tomates de pera troceados, 1 cebolla roja picada, 1 diente de ajo majado, 2 cucharadas de cilantro fresco picado y 1 cucharadita de aceite de oliva y mézclelo todo. Salpimiéntelo al gusto. Rellene las patatas asadas y cortadas en forma de cruz, disponga encima una cucharada de crema agria y espolvoréelo con queso cheddar rallado.
Para 6 personas.

**VALOR NUTRITIVO POR RACIÓN**
proteínas 10 g; grasas 15 g; hidratos de carbono 35 g; fibra 5 g; colesterol 35 mg; 305 kcal (1290 kJ)

## Soufflé de patata

Precaliente el horno a 210°C. Corte la parte superior de 6 patatas grandes asadas y extraiga la pulpa con cuidado, dejando las paredes intactas. Ponga la pulpa en un cuenco. Añada 125 g de queso cheddar rallado, 130 g de queso gruyère rallado, 4 yemas de huevo y ¼ cucharadita de mostaza en polvo. Salpimiente la mezcla. Bata 4 claras de huevo a punto de nieve e incorpórelas a la mezcla de patata. Introdúzcala a cucharadas en las patatas vaciadas, colóquelas en una placa de horno y hornéelas entre 20 y 25 minutos o hasta que la superficie se hinche y esté dorada.
Para 6 personas.

**VALOR NUTRITIVO POR RACIÓN**
proteínas 25 g; grasas 20 g; hidratos de carbono 35 g; fibra 3 g; colesterol 165 mg; 395 kcal (1670 kJ)

**Nota** Para asar patatas en la barbacoa, cuézalas un poco hasta que estén tiernas, envuélvalas con papel de aluminio y áselas hasta que queden blandas.

*En el sentido de las agujas del reloj, desde la izqda.:*
*Patata asada con crema agria y cebollino; Patata*
*asada con relleno de champiñones y ajo; Patata asada*
*con relleno de salsa de tomate; Soufflé de patata*

# Tempura de verduras

**Tiempo de preparación:**
30 minutos
**Tiempo de cocción:**
15 minutos
**Para 4–6 personas**

125 g de brécol
1 cebolla pequeña
1 pimiento rojo pequeño
1 pimiento verde pequeño
1 zanahoria
60 g de judías verdes
abundante aceite vegetal,
  para freír
harina blanca, para
  rebozar

*Rebozado*
250 ml de agua helada

1 yema de huevo
125 g de harina blanca,
  tamizada

*Salsa*
60 ml de salsa de soja
2 cucharadas de zumo
  de limón
2 cucharadas de mirin (vino
  de arroz dulce japonés)
1 cucharada de sake
  (vino de arroz japonés)

**1** Corte el brécol en ramilletes pequeños, dejando el tallo. Trocee la cebolla en rodajas finas. Corte los pimientos y la zanahoria en tiras muy finas. Recorte las judías a la misma longitud y córtelas por la mitad longitudinalmente.

**2 Para preparar el rebozado:** Bata en un cuenco el agua junto con la yema de huevo. Esparza la harina por encima y remueva ligeramente con unos palillos o un tenedor hasta que se haya integrado en la mezcla. (Ésta debe quedar grumosa.)

**3** Llene con el aceite una cacerola mediana de fondo pesado hasta la mitad y caliéntelo. Pase las verduras por harina y sacuda el exceso. Con unas pinzas, tome algunas piezas de verdura (unas dos piezas de cada tipo) y sumérjalas en la mezcla, intentando que no se adhiera ningún grumo. Deje escurrir el exceso de rebozado.

**4** Introduzca con cuidado un manojo de verduras en el aceite y sujételo unos segundos hasta que el rebozado empiece a cuajar y las verduras se mantengan unidas. Suéltelas entonces y déjelas freír hasta que estén crujientes y doradas. Escúrralas sobre papel de cocina. Repita la operación hasta terminar las verduras y sírvalas de inmediato con la salsa.

**5 Para preparar la salsa:** Coloque todos los ingredientes en un cuenco y bata bien hasta que la mezcla resulte homogénea.

**VALOR NUTRITIVO POR RACIÓN (6)**
proteínas 5 g; grasas 20 g; hidratos de carbono 20 g; fibra 4 g; colesterol 30 mg; 280 kcal (1175 kJ)

*Corte el brécol en ramilletes pequeños, dejando parte del tallo.*

*Mezcle ligeramente los ingredientes del rebozado con unos palillos.*

*Use unas pinzas para cubrir manojos de verduras con la mezcla del rebozado.*

*Sumerja con cuidado las verduras rebozadas en el aceite.*

# Tarta de espinacas y feta

**Tiempo de preparación:**
30 minutos
**Tiempo de cocción:**
1 hora
**Para 4–6 personas**

1 kg de espinacas
60 ml de aceite de oliva
1 cebolla grande, picada
10 cebolletas, picadas
20 g de perejil fresco
  picado
1 cucharada de eneldo
  fresco picado
una pizca considerable de
  nuez moscada molida
35 g de queso parmesano
  recién rallado

150 g de queso feta
  desmenuzado
90 g de queso ricotta
4 huevos, poco batidos
30 g de mantequilla,
  fundida
1 cucharada de aceite de
  oliva, adicional
12 láminas de pasta filo

**1** Recorte los tallos más gruesos de las espinacas. Lave bien las hojas y sacuda el exceso de agua. Trocéelas y póngalas en una cacerola grande. Tápelas y cuézalas suavemente a fuego lento unos 5 minutos o hasta que las hojas pierdan su rigidez. (Las espinacas se cocerán con el agua que queda en las hojas. Vigile que no se peguen a la base de la cacerola y se quemen.) Escúrralas bien y déjelas enfriar ligeramente antes de estrujarlas para eliminar todo el agua.
**2** Caliente el aceite en una sartén de fondo pesado. Añada la cebolla y rehóguela a fuego lento durante 10 minutos o hasta que esté muy tierna y dorada. Agregue la cebolleta y déjela cocer 3 minutos más. Retire la sartén del fuego. Incorpore las espinacas escurridas, el perejil y el eneldo picados, la nuez moscada, el parmesano, el feta, el ricotta y el huevo batido. Sazone la mezcla con sal y pimienta.
**3** Precaliente el horno a 180°C. Mezcle la mantequilla fundida con el aceite adicional y engrase una fuente de horno de 30 x 18 cm. Disponga 4 láminas de pasta filo, una encima de otra, untando la superficie de cada una con un poco de la mezcla de aceite. Coloque la pila de pasta filo longitudinalmente en la fuente. Cúbrala con la mitad de la mezcla de espinacas y queso. Coloque encima otras 4 láminas de pasta filo dispuestas del mismo modo y extienda la mezcla de espinacas y queso restante. Disponga encima las 4 láminas de pasta filo restantes igualmente apiladas, plegando la pasta por los laterales de la fuente. Pinte la superficie con el resto de mezcla de aceite y mantequilla. Marque rombos en la parte superior de la tarta con un cuchillo afilado. Hornéela de 40 a 45 minutos o hasta que se dore por encima. Córtela en porciones y sírvala caliente.

**VALOR NUTRITIVO POR RACIÓN (6)**
proteínas 20 g; grasas 30 g; hidratos de carbono 20 g; fibra 5 g; colesterol 170 mg; 425 kcal (1795 kJ)

**Nota** En esta receta puede utilizar acelgas en lugar de espinacas. Use la misma cantidad de verdura, recorte las pencas de las hojas de acelga y deséchelas.
El feta es un queso salado que debe conservarse en agua ligeramente salada y dentro del frigorífico. Aclárelo y séquelo antes de su uso.

Cueza suavemente las espinacas hasta que las hojas pierdan su rigidez.

Extienda la mitad de la mezcla de espinacas y queso sobre la base de pasta.

# Zanahorias glaseadas con miel

**Tiempo de preparación:**
5 minutos
**Tiempo de cocción:**
5 minutos
**Para 4 personas**

| | |
|---|---|
| **2 zanahorias, cortadas en rodajas oblícuas** | **2 cucharaditas de miel** |
| **30 g de mantequilla** | **cebollino fresco picado, para servir** |

**1** Cueza las zanahorias al vapor hasta que estén tiernas.
**2** Caliente a fuego lento en un cazo la mantequilla y la miel hasta que se mezclen bien.
**3** Vierta la mezcla sobre las zanahorias y remueva para distribuirla. Espolvoree con el cebollino y sírvalo caliente.

**VALOR NUTRITIVO POR RACIÓN**
proteínas 1g; grasas 5 g; hidratos de carbono 4 g; fibra 2 g; colesterol 20 mg; 75 kcal (310 kJ)

**Nota** Este plato también puede prepararse en el microondas. Ponga las zanahorias y 1 cucharada de agua en un cuenco apto para microondas. Tápelas y cuézalas a potencia máxima (100%) de 6 a 8 minutos; escúrralas. En otro cuenco, caliente la mantequilla y la miel a potencia máxima (100%) durante 45 segundos o hasta que se fundan. Remueva la mezcla. Viértala sobre las zanahorias, remuévalo y esparza el cebollino por encima.

# Coliflor al queso

**Tiempo de preparación:**
10 minutos
**Tiempo de cocción:**
15 minutos
**Para 4–6 personas**

| | |
|---|---|
| **500 g de coliflor** | **40 g de queso cheddar rallado** |
| **30 g de mantequilla** | **1/4 cucharadita de pimentón** |
| **3 cucharaditas de harina blanca** | **cebollino fresco picado, para servir** |
| **125 ml de leche** | |
| **60 ml de nata líquida** | |

**1** Trocee la coliflor en ramilletes y cuézala al vapor o en el microondas hasta que esté tierna.
**2** Mientras tanto, derrita la mantequilla en una cacerola. Incorpore la harina y cuézala durante 1 minuto. Retírelo del fuego e incorpore de manera gradual la leche mezclada con la nata. Póngalo de nuevo a fuego medio y remueva constantemente hasta que la mezcla hierva y se espese. Retírelo del fuego y agregue la mitad del queso rallado. Salpimiéntelo al gusto.
**3** Vierta la salsa de queso a cucharadas sobre la coliflor y esparza por encima el queso rallado restante. Póngalo bajo el gratinador precalentado durante 3 minutos o hasta que se dore el queso. Espolvoree con el pimentón y el cebollino picado antes de servir.

**VALOR NUTRITIVO POR RACIÓN (6)**
proteínas 5 g; grasas 10 g; hidratos de carbono 5 g; fibra 2 g; colesterol 35 mg; 135 kcal (565 kJ)

*Zanahorias glaseadas con miel (arriba) y Coliflor al queso*

# Sopas

Pocos platos resultan más reconfortantes que una simple sopa caliente acompañada con unas tostadas recién hechas. Añada un delicioso toque a estas cremas con hierbas frescas y pimienta negra recién machacada.

### Crema de calabaza

Pele una calabaza vinatera de 1 kg y córtela en trozos grandes. Caliente 60 g de mantequilla en una cacerola grande de fondo pesado. Añada 1 cebolla picada y rehóguela a fuego lento durante 10 minutos o hasta que esté muy tierna. Agregue los trozos de calabaza, tápelo y déjelo cocer 10 minutos. Añada 1 litro de caldo de verduras y llévelo a ebullición. Baje el fuego y déjelo cocer 40 minutos o hasta que la calabaza esté tierna. Déjelo enfriar un poco. En un robot de cocina o en una batidora, triture la mezcla en tandas hasta que quede fina. Salpimiéntela y esparza cebollino picado por encima. Resulta deliciosa con un poco de crema agria. Para 4–6 personas.

**VALOR NUTRITIVO POR RACIÓN (6)**
proteínas 5 g; grasas 15 g; hidratos de carbono 15 g; fibra 2 g; colesterol 50 mg; 230 kcal (960 kJ)

### Vichyssoise

Caliente 60 g de mantequilla en una cacerola grande de fondo pesado. Añada 2 puerros en rodajas, tápela y cuézalos a fuego medio durante 5 minutos. Agregue 2 patatas troceadas y 750 ml de caldo de verduras. Llévelo a ebullición, baje el fuego y déjelo cocer 20 minutos o hasta que las patatas estén tiernas. Incorpore 250 ml de nata líquida y salpimiente al gusto. Déjelo enfriar ligeramente. Triture la mezcla por tandas en una batidora o robot de cocina hasta que quede fina. Sirva la sopa con una ramita de tomillo. Para 4–6 personas.

**VALOR NUTRITIVO POR RACIÓN (6)**
proteínas 4 g; grasas 25 g; hidratos de carbono 10 g; fibra 4 g; colesterol 80 mg; 300 kcal (1255 kJ)

*De izquierda a derecha:*
*Crema de calabaza;*
*Vichyssoise:*
*Crema de tomate*

## Crema de tomate

Caliente 1 cucharada de aceite de oliva en una cacerola grande de fondo pesado. Añada 1 cebolla picada y rehóguela durante 5 minutos o hasta que se dore. Añada 2 dientes de ajo majados y sofríalos durante 1 minuto. Agregue 3 latas de 410 g de tomate triturado, 750 ml de caldo de verduras, 1 cuchara-da de concentrado de tomate y 1 cucharada de azúcar. Llévelo a ebullición, baje el fuego y déjelo cocer, parcialmente tapado, durante 20 minutos. Déjelo enfriar un poco. Tritúrelo en una batidora o robot de cocina por tandas hasta obtener una mezcla fina. Viértalo de nuevo en la cacerola, incorpore 250 ml de nata líquida y vuelva a calentarlo suavemente. Salpimiéntelo y espolvoréelo con hierbas frescas picadas. Para 4–6 personas.

**VALOR NUTRITIVO POR RACIÓN (6)**
proteínas 3 g; grasas 20 g; hidratos de carbono 10 g; fibra 3 g; colesterol 55 mg; 250 kcal (1060 kJ)

# Berenjena a la parmesana

**Tiempo de preparación:**
45 minutos
**Tiempo de cocción:**
1 hora 15 minutos
**Para 6–8 personas**

| | |
|---|---|
| 1,25 kg de tomates maduros | 250 g de queso bocconcini, en rodajas |
| 60 ml de aceite de oliva | 185 g de queso cheddar, rallado fino |
| 1 cebolla, en dados | |
| 2 dientes de ajo, picados | 50 g de hojas de albahaca, troceadas |
| 1 cucharadita de sal | |
| 1 kg de berenjenas | 50 g de queso parmesano recién rallado |
| aceite, para freír | |

**1** Marque una cruz en la base de cada tomate. Cúbralos con agua hirviendo y déjelos en remojo unos 2 minutos. Escurra los tomates y déjelos enfriar. Pélelos partiendo de la cruz y hacia abajo. Deseche la piel. Para despepitarlos, corte los tomates por la mitad horizontalmente y vacíelos con una cucharilla. Trocéelos.
**2** Caliente el aceite en una sartén grande; añada la cebolla, el ajo y la sal. Sofríalo a fuego medio hasta que la cebolla quede tierna. Añada el tomate y déjelo cocer unos 15 minutos.
**3** Precaliente el horno a 200°C. Corte las berenjenas en rodajas muy finas y fríalas en aceite, por tandas, durante 3 ó 4 minutos o hasta que se

doren. Escúrralas sobre papel de cocina.
**4** Disponga un tercio de las rodajas de berenjena sobre la base de una fuente resistente al calor con una capacidad de 1,75 litros. Cubra la berenjena con la mitad del bocconcini y del cheddar. Siga colocando capas sucesivas hasta acabar con una de rodajas de berenjena.
**5** Vierta la salsa de tomate sobre la berenjena. Esparza por encima las hojas de albahaca y el queso parmesano. Hornéelo durante 40 minutos. Escurra el exceso de aceite antes de servirlo.

**VALOR NUTRITIVO POR RACIÓN (8)**
proteínas 20 g; grasas 25 g; hidratos de carbono 5 g; fibra 5 g; colesterol 50 mg; 325 kcal (1365 kJ)

**Nota** Las berenjenas tienden a absorber mucho aceite al freírlas. Otra posibilidad consiste en untar las rodajas de berenjena con aceite y asarlas en la parrilla hasta que se doren por ambas caras.

*Sofría la cebolla y el ajo en el aceite; a continuación, añada el tomate troceado.*

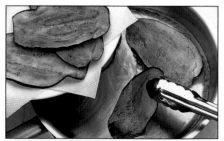

*Fría las rodajas de berenjena por tandas y escúrralas sobre papel de cocina.*

*Disponga en la fuente capas de berenjena, bocconcini y cheddar.*

*Cubra la berenjena con la salsa de tomate y esparza las hojas de albahaca por encima.*

# Verduras al horno

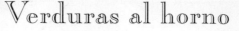

**Tiempo de preparación:**
15 minutos
**Tiempo de cocción:**
1 hora 10 minutos
**Para 6–8 personas**

500 g de calabaza
1 boniato grande
8 cebollas pequeñas

60 ml de aceite de oliva
40 g de mantequilla

**1** Precaliente el horno a 200°C. Pele la calabaza y el boniato y córtelos en trozos grandes. Pele las cebollas y déjelas enteras. Vierta el aceite en una fuente de horno grande y añada la mantequilla. Introduzca la fuente en el horno a fin de calentar el aceite y la mantequilla.
**2** Disponga las verduras en la fuente de horno y recúbralas con la mezcla caliente de aceite y mantequilla dándoles vueltas o pintándolas con un pincel de repostería. Hornéelas entre 45 y 50 minutos o hasta que estén crujientes y doradas por fuera y bien hechas por dentro. Déles la vuelta de vez en cuando durante la cocción para cubrirlas con el aceite y evitar así que se adhieran a la fuente.

VALOR NUTRITIVO POR RACIÓN (8)
proteínas 4 g; grasas 10 g; hidratos de carbono 15 g; fibra 3 g; colesterol 15 mg; 170 kcal (720 kJ)

**Nota** Numerosas hortalizas son adecuadas para ser asadas al horno, como las chirivías, los nabos, el hinojo, las zanahorias o los dientes de ajo.

# Patatas al gratén

**Tiempo de preparación:**
20 minutos
**Tiempo de cocción:**
40 minutos
**Para 4–6 personas**

4 patatas
1 cebolla
125 g de queso cheddar
rallado

375 ml de nata líquida
2 cucharaditas de caldo de
pollo en polvo

**1** Precaliente el horno a 180°C. Pele las patatas y córtelas en rodajas finas. Pele la cebolla y córtela en aros. Disponga una capa de rodajas de patata en una fuente de horno pequeña. Colóquelas de manera que unas se solapen sobre otras y disponga encima una capa de aros de cebolla. Reserve la mitad del queso rallado. Esparza un poco del queso rallado restante sobre la cebolla. Siga colocando capas sucesivas en este mismo orden hasta acabar toda la patata y la cebolla.
**2** Ponga la nata en una jarra pequeña. Añada el caldo de pollo en polvo y bátalo suavemente hasta mezclarlo bien. Vierta la mezcla sobre las patatas y espolvoree con el queso rallado reservado.

Hornéelo durante 40 minutos o hasta que la patata esté tierna, el queso se funda y la superficie esté dorada.

VALOR NUTRITIVO POR RACIÓN (6)
proteínas 10 g; grasas 35 g; hidratos de carbono 15 g; fibra 2 g; colesterol 105 mg; 390 kcal (1645 kJ)

*Verduras al horno (arriba) y Patatas al gratén*

# Rollitos de primavera

**Tiempo de preparación:**
45 minutos
**Tiempo de cocción:**
30 minutos
**Para 20 rollitos**

4 setas chinas secas
1 cucharada de aceite
2 dientes de ajo, majados
1 cucharada de jengibre
 fresco rallado
150 g de tofu frito, en tiras
1 zanahoria grande, en tiras
 finas
70 g de castañas de agua,
 picadas

6 cebolletas, picadas
150 g de col china, en tiras
1 cucharada de salsa de
 soja
1 cucharada de harina
 blanca
10 tortas grandes para
 rollitos de primavera
abundante aceite, para
 freír

**1** Deje las setas secas en remojo en agua caliente durante 30 minutos. Escúrralas y estrújelas para eliminar el exceso de líquido. Deseche los tallos duros y corte los sombrerillos en tiras.
**2** Caliente la cucharada de aceite en un wok grande, inclinándolo ligeramente para engrasar la base y las paredes. Sofría el ajo, el jengibre, el tofu, la zanahoria y las castañas de agua durante 30 segundos a fuego fuerte. Añada la cebolleta y la col y fríalo durante 1 minuto o hasta que la col esté tierna. Agregue la salsa de soja y un poco de sal, pimienta blanca y azúcar al gusto. Déjelo enfriar. Añada los sombrerillos de las setas.

**3** Mezcle la harina con 2 cucharadas de agua hasta formar una pasta. Mientras trabaja, tenga las tortas para rollitos de primavera cubiertas con un paño de cocina limpio y humedecido. Coloque dos tortas sobre una tabla, una encima de la otra. (Los rollos se elaboran con dos capas de pasta.) Corte el cuadrado grande en 4 cuadrados más pequeños. Unte los bordes de cada cuadrado con un poco de la pasta de harina. Disponga aproximadamente 1 cucharada del relleno en el centro de un cuadrado de masa. Con una de

las esquinas hacia usted, enróllelo con firmeza, doblando los laterales hacia dentro a medida que forma el rollito. Repita la operación con el resto de ingredientes.
**4** Caliente el aceite en un wok y fría los rollitos, en tandas de unos cuatro cada vez, durante 3 minutos o hasta que se doren. Escúrralos sobre papel de cocina.

**VALOR NUTRITIVO POR ROLLITO**
proteínas 1 g; grasas 4 g; hidratos de carbono 3 g; fibra 1 g; colesterol 0 mg; 45 kcal (200 kJ)

*Corte los sombrerillos de las setas en tiras finas y deseche los tallos duros.*

*Con el relleno en el centro del cuadrado, enrolle firmemente doblando los laterales hacia dentro.*

# Pimientos rellenos

**Tiempo de preparación:**
20 minutos
**Tiempo de cocción:**
55 minutos
**Para 4 personas**

| | |
|---|---|
| 2 pimientos rojos grandes | 125 g de queso cheddar rallado |
| 110 g de arroz de grano corto | 25 g de queso parmesano rallado fino |
| 1 cucharada de aceite de oliva | 15 g de albahaca fresca picada |
| 1 cebolla, picada fina | 15 g de perejil fresco picado |
| 2 dientes de ajo, majados | |
| 1 tomate, picado | |

**1** Precaliente el horno a 180°C. Corte los pimientos por la mitad longitudinalmente. Ponga el arroz en una cacerola con agua hirviendo y cuézalo durante 12 minutos. Escúrralo y páselo a un cuenco.
**2** Caliente el aceite en una sartén y rehogue la cebolla entre 5 y 8 minutos o hasta que se dore. Añada el ajo y sofríalo durante 1 minuto. Incorpórelo al arroz junto con el tomate, los quesos, la albahaca y el perejil. Salpimiéntelo.
**3** Disponga cucharadas de la mezcla en los pimientos abiertos y despepitados y colóquelos en una fuente de horno. Hornéelos durante 30 minutos o hasta que los pimientos estén tiernos y el relleno se dore.

**VALOR NUTRITIVO POR RACIÓN**
proteínas 15 g; grasas 20 g; hidratos de carbono 25 g; fibra 3 g; colesterol 40 mg; 320 kcal (1345 kJ)

*Corte los pimientos por la mitad longitudinalmente, retire las semillas y la membrana blanca.*

*Rehogue la cebolla, picada fina, hasta que se dore.*

*Incorpore el sofrito de cebolla y ajo al arroz junto con el tomate, los quesos y las hierbas.*

*Rellene los pimientos abiertos con cucharadas de la mezcla de arroz.*

# Lasaña de verduras

**Tiempo de preparación:**
40 minutos
**Tiempo de cocción:**
2 horas 10 minutos
**Para 6 personas**

**2 berenjenas grandes**
**6 cucharadas de aceite de oliva**
**2 cebollas, picadas**
**3 dientes de ajo, majados**
**1 zanahoria, picada fina**
**1 tallo de apio, picado fino**
**100 g de champiñones pequeños, en láminas**
**1 pimiento rojo, picado**
**810 g de tomate triturado en conserva**
**2 cucharadas de concentrado de tomate**
**250 ml de vino tinto**
**1 cucharada de vinagre balsámico**
**1 cucharada de azúcar moreno**

**15 g de albahaca fresca picada**
**250 g de láminas de pasta seca para lasaña**
**350 g de espinacas, troceadas**
**50 g de queso parmesano rallado**
**60 g de queso cheddar rallado**

*Salsa bechamel*
**60 g de mantequilla**
**30 g de harina blanca**
**500 ml de leche**
**300 g de queso ricotta**

**1** Corte las berenjenas en rodajas longitudinales. Esparza sal por encima y déjelas reposar 20 minutos. Aclárelas bien y séquelas. Unte ligeramente las rodajas de berenjena con la mitad del aceite de oliva. Áselas en una parrilla, precalentada a una temperatura media, hasta que se doren y escúrralas sobre papel de cocina.

**2** Caliente el aceite restante en una cacerola grande de fondo pesado. Rehogue la cebolla a fuego medio durante 5 minutos o hasta que esté tierna y dorada. Añada el ajo, la zanahoria y el apio y saltéelo todo durante unos 3 minutos. Incorpore los champiñones y el pimiento, y saltéelo durante 3 minutos o hasta que los champiñones estén tiernos. Incorpore el tomate, el concentrado de tomate, el vino tinto, el vinagre balsámico y el azúcar moreno. Llévelo a ebullición, baje el fuego y déjelo cocer, destapado, durante 1 hora. Añada la albahaca picada y resérvelo.

**3 Para preparar la salsa bechamel:** Derrita la mantequilla en una cacerola y añada la harina. Caliéntelo a fuego lento, sin dejar de remover, durante 2 minutos o hasta que la mezcla adquiera un tono dorado. Retire la cacerola del fuego e incorpore gradualmente la leche. Colóquelo de nuevo al fuego y llévelo a ebullición, removiendo constantemente, hasta que la salsa hierva y se espese. Déjela hervir 2 minutos, añada el ricotta y remueva hasta que la salsa quede fina. Salpiméntela.

**4** Precaliente el horno a 180°C. Engrase ligeramente una fuente refractaria de 3 litros de capacidad. Disponga sobre la base una capa fina del sofrito de verduras y cúbrala con las láminas de lasaña. Coloque encima capas de sofrito, espinacas, berenjena y salsa bechamel. Siga formando capas sucesivas en este mismo orden, hasta terminar con una capa de bechamel. Esparza los quesos mezclados por encima y hornee la lasaña entre 45 y 50 minutos o hasta que esté bien hecha y el queso se haya dorado. Déjela reposar unos 10 minutos antes de cortarla en porciones para servir.

**VALOR NUTRITIVO POR RACIÓN**
proteínas 25 g; grasas 45 g;
hidratos de carbono 54 g;
fibra 10 g; colesterol 80 mg;
730 kcal (3080 kJ)

*Ase las rodajas de berenjena hasta que se doren, dándoles la vuelta una vez.*

*Forme capas sucesivas hasta terminar con salsa bechamel.*

# Tomates verdes fritos

**Tiempo de preparación:**
10 minutos
**Tiempo de cocción:**
20 minutos
**Para 4 personas**

125 g de harina de fuerza
100 g de harina de maíz
1 huevo, poco batido

250 ml de suero de leche
6–8 tomates verdes

**1** Mezcle la harina de fuerza y la harina de maíz en un cuenco. Sazone la mezcla de harinas con sal y pimienta. Vierta el huevo batido y el suero de leche en otro cuenco y bátalo bien.
**2** Corte los tomates en rodajas de 1 cm de grosor. Sumerja las rodajas de tomate en la mezcla de huevo y suero de leche y, a continuación, páselas por la mezcla de harina. Sacuda el exceso de harina.
**3** Caliente 2 cm de aceite en una sartén grande de fondo pesado. Fría los tomates rebozados en tandas a fuego fuerte hasta que se doren por ambas caras y resulten crujientes. Escúrralos sobre papel de cocina.

VALOR NUTRITIVO POR RACIÓN
proteínas 10 g; grasas 4 g; hidratos de carbono 50 g; fibra 6 g; colesterol 55 mg; 280 kcal (1185 kJ)

**Nota** Mantenga los tomates fritos en posición vertical para evitar que queden muy aceitosos. No llene demasiado la sartén, pues la temperatura descendería y los tomates absorberían demasiado aceite.

Bata el huevo batido y el suero de leche en un cuenco aparte.

Corte los tomates en rodajas de 1 cm de grosor, aproximadamente.

Sumerja los tomates en la mezcla de huevo y, a continuación, páselos por la mezcla de harina.

Fría los tomates rebozados hasta que se doren por ambas caras.

# Tallarines con tomate

**Tiempo de preparación:**
15 minutos
**Tiempo de cocción:**
25 minutos
**Para 4–6 personas**

| | |
|---|---|
| **1,5 kg de tomates grandes maduros, pelados** | **1 cucharadita de azúcar** |
| **1 cucharada de aceite de oliva** | **1 cucharada de orégano fresco picado** |
| **1 cebolla, picada** | **1 cucharadita de perejil fresco picado** |
| **2 dientes de ajo, majados** | |
| **1 zanahoria, rallada** | **1 cucharada de albahaca fresca picada** |
| **2 cucharadas de concentrado de tomate** | **500 g de tallarines** |

**1** Marque una cruz en la base de cada tomate. Cúbralos con agua hirviendo y déjelos en remojo unos 2 minutos. Escúrralos y déjelos enfriar. Pélelos a partir de la cruz y hacia abajo. Para despepitarlos, corte los tomates por la mitad horizontalmente y vacíelos con una cucharilla. Córtelos en trozos grandes.
**2** Caliente el aceite en una cacerola grande de fondo pesado. Añada la cebolla y rehóguela a fuego lento durante 5 minutos, o hasta que esté tierna y dorada. Agregue el ajo y sofríalo durante 1 minuto. Incorpore el tomate troceado y la zanahoria y déjelo cocer, removiendo de vez en cuando, durante 10 minutos. Incorpore el concentrado de tomate y el azúcar, y salpimiéntelo. Llévelo a ebullición y déjelo cocer 5 minutos.
**3** Deje enfriar un poco la mezcla y pásela a un robot de cocina. Tritúrela brevemente hasta que la salsa alcance la consistencia deseada. Añada las hierbas picadas y remueva. Salpimiéntelo.
**4** Mientras se hace la salsa, cueza los tallarines en una cacerola grande con agua hirviendo, a fuego fuerte, hasta que estén tiernos. Escúrralos y colóquelos de nuevo en la cacerola para que mantengan el calor. Añada la salsa a la pasta y remueva bien.

**VALOR NUTRITIVO POR RACIÓN (6)**
proteínas 10 g; grasas 5 g; hidratos de carbono 65 g; fibra 10 g; colesterol 0 mg; 350 kcal (1475 kJ)

**Nota** Los tomates de pera o los madurados en mata son los más adecuados para esta receta. Si no se encuentran disponibles, pida al verdulero tomates para cocinar. Se trata de tomates maduros, ideales para la elaboración de salsas de tomate consistentes.

*Marque una cruz en cada tomate y cúbralos con agua hirviendo.*

*Pase la salsa fría a un robot de cocina y tritúrela brevemente.*

# Ñoquis de calabaza

**Tiempo de preparación:**
40 minutos
**Tiempo de cocción:**
1 hora 30 minutos
**Para 4 personas**

| | |
|---|---|
| 500 g de calabaza | *Mantequilla aromatizada* |
| 185 g de harina blanca | *con salvia* |
| 50 g de queso parmesano | 100 g de mantequilla |
| recién rallado | 2 cucharadas de salvia |
| 1 huevo, batido | fresca picada |

**1** Precaliente el horno a 160°C. Unte una bandeja de horno con aceite o mantequilla fundida. Corte la calabaza en trozos grandes, pero no la pele. Coloque los trozos en la bandeja preparada y hornéelos durante 1¹/₄ horas o hasta que la calabaza esté muy tierna. Déjela enfriar un poco y separe la pulpa de la piel, desechando las partes más duras y crujientes. Ponga la calabaza en un cuenco grande y cháfela ligeramente con un tenedor. Tamice la harina sobre el cuenco, añada 25 g del parmesano rallado y el huevo batido. Sazónelo con pimienta negra recién molida y mézclelo todo hasta obtener una pasta homogénea. Pásala a una superficie ligeramente enharinada y trabájela para formar una bola.

**2** Divida la masa en dos. Con las manos enharinadas, forme un cilindro de unos 40 cm de largo con cada una de las partes. Corte cada cilindro de masa de calabaza en 16 trozos iguales. Moldee cada uno de ellos para darle forma ovalada y presione firmemente con los dientes de un tenedor enharinado a fin de realizar unas muescas decorativas.

**3** Llene una cacerola grande con agua y llévela a ebullición. Cueza los ñoquis de calabaza por tandas, introduciéndolos con cuidado en el agua. Déjelos cocer hasta que suban a la superficie y, a partir de ese momento, 3 minutos más. Retírelos de la cacerola, escúrralos y manténgalos calientes.

**4 Para preparar la mantequilla aromatizada con salvia:** Derrita la mantequilla en un cazo. Retírela del fuego, incorpore la salvia picada y remueva.

**5** Para servir este plato, distribuya los ñoquis en cuatro cuencos. Vierta la mantequilla aromatizada por encima y espolvoréelo con el parmesano restante.

VALOR NUTRITIVO POR RACIÓN
proteínas 15 g; grasas 25 g;
hidratos de carbono 40 g;
fibra 3 g; colesterol 125 mg;
465 kcal (1945 kJ)

*Separe la pulpa de la calabaza asada de la piel, desechando las partes más duras.*

*Corte cada uno de los cilindros de masa en 16 trozos iguales.*

# Cuscús picante con verduras

**Tiempo de preparación:**
30 minutos
**Tiempo de cocción:**
1 hora
**Para 6 personas**

**1** Caliente el aceite en una cacerola grande y añada el ajo, la guindilla, el puerro y el hinojo. Saltéelo a fuego medio durante 10 minutos, o hasta que el puerro y el hinojo estén tiernos y dorados.
**2** Agregue el comino, el cilantro, la cúrcuma, el garam masala, el boniato y las chirivías. Déjelo cocer unos 5 minutos, removiendo para distribuir las especias entre las verduras.
**3** Añada el caldo de verduras, tápelo y déjelo cocer durante 15 minutos. Incorpore los calabacines, el brécol, los tomates, el pimiento y los garbanzos. Déjelo cocer, destapado, 30 minutos o hasta que las verduras estén tiernas. Agregue las hierbas frescas

2 cucharadas de aceite de oliva
2 dientes de ajo, majados
1 guindilla roja pequeña, picada fina
1 puerro, en rodajas finas
2 bulbos pequeños de hinojo, en rodajas
2 cucharaditas de comino molido
1 cucharadita de cilantro molido
1 cucharadita de cúrcuma molida
1 cucharadita de garam masala
350 g de boniato, troceado
2 chirivías, en rodajas
375 ml de caldo de verduras

2 calabacines, en rodajas gruesas
250 g de brécol, en ramilletes pequeños
2 tomates, pelados y troceados
1 pimiento rojo grande, troceado
425 g de garbanzos en conserva, escurridos
2 cucharadas de perejil de hoja plana fresco, picado
2 cucharadas de tomillo al limón fresco, picado

*Cuscús*
230 g de cuscús instantáneo
30 g de mantequilla
250 ml de caldo de verduras caliente

picadas y sírvalo sobre un lecho de cuscús.
**4 Para preparar el cuscús:** Coloque el cuscús en un cuenco y añada la mantequilla. Vierta por encima el caldo de verduras caliente y déjelo unos 5 minutos para que se absorba.

Remueva suavemente el cuscús con un tenedor para separar los granos.

**VALOR NUTRITIVO POR RACIÓN**
proteínas 15 g; grasas 15 g; hidratos de carbono 50 g; fibra 10 g; colesterol 15 mg; 365 kcal (1545 kJ)

*Saltee el puerro y el hinojo hasta que estén tiernos y dorados.*

*Remueva suavemente el cuscús con un tenedor para separar los granos.*

# Purés de verduras

Añada algún aroma a su verdura preferida, tritúrela hasta obtener una textura irresistiblemente fina y cremosa, y sirva el puré bien caliente con casi cualquier alimento. Este sencillo acompañamiento será un éxito seguro.

## Puré de chirivías

Cueza 500 g de chirivías en una cacerola con agua hirviendo hasta que las hortalizas estén tiernas. Escúrralas bien y páselas a un robot de cocina. Derrita 50 g de mantequilla en una sartén; añada 1 diente de ajo majado y sofríalo a fuego medio durante 2 minutos, o hasta que la mantequilla adquiera un tono tostado. Agregue la mantequilla con ajo al robot

de cocina junto con 125 ml de caldo de pollo y 80 ml de nata líquida. Tritúrelo todo hasta obtener un puré fino y cremoso. Sazónelo con sal marina y pimienta negra recién machacada.
Para 4–6 personas.

**VALOR NUTRITIVO POR RACIÓN (6)**
proteínas 2 g; grasas 15 g; hidratos de carbono 10 g; fibra 2 g; colesterol 40 mg; 155 kcal (655 kJ)

## Puré picante de boniato

Cueza 500 g de boniato troceado en agua hirviendo hasta que esté tierno. Escúrralo y páselo a un robot de cocina. Derrita 50 g de mantequilla en una sartén; añada 1 cucharadita de comino molido, otra cucharadita de garam masala y 1 cebolla finamente picada. Sofríalo todo a fuego medio durante 5 minutos o hasta

*De izquierda a derecha:*
*Puré de chirivías;*
*Puré picante de boniato;*
*Puré de patata y ajo*

### Puré de patata y ajo

Cueza 500 g de patatas troceadas en agua hirviendo hasta que estén tiernas y escúrralas bien. Páselas a un cuenco grande y cháfelas hasta obtener un puré fino. Deje 4 rebanadas de pan de molde en remojo en 60 ml de agua durante 5 minutos. Escurra el exceso de humedad y ponga el pan en un robot de cocina junto con 4 dientes de ajo majados. Tritúrelo hasta que la mezcla quede fina. Añada la mezcla de pan a la patata y remueva con una cuchara de madera, incorporando de manera gradual 125 ml de aceite de oliva y 1 cucharada de zumo de limón. Salpimiéntelo.
Para 4–6 personas.

**VALOR NUTRITIVO POR RACIÓN (6)**
proteínas 3 g; grasas 20 g; hidratos de carbono 25 g; fibra 2 g; colesterol 0 mg; 285 kcal (1195 kJ)

que la cebolla esté tierna y dorada. Agregue la mezcla de cebolla al robot de cocina junto con 80 ml de zumo de naranja y 125 ml de nata líquida. Tritúrelo todo hasta obtener un puré fino y cremoso.
Para 4–6 personas.

**VALOR NUTRITIVO POR RACIÓN (6)**
proteínas 2 g; grasas 15 g; hidratos de carbono 15 g; fibra 2 g; colesterol 50 mg; 215 kcal (900 kJ)

# Verduras a la parrilla

**Tiempo de preparación:**
15 minutos
**Tiempo de cocción:**
15 minutos
**Para 4 personas**

2 pimientos rojos grandes
2 boniatos grandes,
   en rodajas
6 calabacines, cortados por
   la mitad longitudinalmente
4 sombrerillos de
   champiñones grandes, en
   láminas gruesas

*Aderezo*
80 ml de aceite de oliva
2 cucharadas de vinagre
   balsámico
2 cucharadas de romero
   fresco picado
3 dientes de ajo, majados

**1** Corte los pimientos por la mitad longitudinalmente. Retire las semillas y la membrana interna y trocéelos en tiras gruesas.

**2 Para preparar el aderezo:** Ponga el aceite, el vinagre, el romero y el ajo en un cuenco y bátalo todo bien.

**3** Ponga una plancha al fuego y coloque los pimientos, los boniatos, los calabacines y los champiñones sobre la plancha caliente. Unte las verduras con el aderezo y áselas durante 15 minutos o hasta que estén tiernas. Déles la vuelta de vez en cuando y siga untándolas con el aderezo.

**VALOR NUTRITIVO POR RACIÓN**
proteínas 10 g; grasas 20 g;
hidratos de carbono 35 g;
fibra 10 g; colesterol 0 mg;
360 kcal (1510 kJ)

**Nota** Si la plancha es muy pequeña, ase las verduras en tandas. Tape las que ya estén asadas y manténgalas calientes.

*Retire las semillas y membranas de los pimientos y córtelos en tiras gruesas.*

*En un cuenco, bata los ingredientes del aderezo.*

*Unte las verduras con el aderezo mientras se asan.*

*Dé la vuelta a las verduras de vez en cuando.*

# Curry de verduras

**Tiempo de preparación:**
25 minutos
**Tiempo de cocción:**
30 minutos
**Para 4 personas**

2 cucharadas de pasta
de curry rojo
500 ml de leche de coco
4 hojas de lima cafre
1 cebolla, picada fina
2 patatas, troceadas
200 g de calabaza, troceada
1 pimiento rojo, troceado
3 calabacines, troceados
90 g de maíz enano

150 g de judías verdes,
troceadas
2 cucharadas de zumo de
lima
2 cucharadas de salsa de
pescado
2 cucharadas de cilantro
fresco picado
1 cucharada de azúcar
moreno

**1** Mezcle la pasta de curry, la leche de coco y 125 ml de agua en un wok o cacerola grande. Llévelo a ebullición, removiendo de vez en cuando.

**2** Añada las hojas de lima y la cebolla y déjelo hervir durante 3 minutos. Agregue la patata y la calabaza, y déjelo cocer 15 minutos o hasta que estén tiernas.

Incorpore el pimiento, el calabacín, el maíz y las judías, y déjelo hervir durante 10 minutos o hasta que las verduras estén tiernas.

**3** Añada el zumo de lima, la salsa de pescado, el cilantro y

el azúcar y déjelo cocer 2 minutos. Sirva el curry con arroz.

**VALOR NUTRITIVO POR RACIÓN**
proteínas 10 g; grasas 5 g; hidratos de carbono 25 g; fibra 5 g; colesterol 0 mg; 195 kcal (825 kJ)

*Trocee la calabaza, el pimiento y el calabacín.*

*Añada las hojas de lima y la cebolla a la mezcla de pasta de curry y leche de coco.*

*Agregue los trozos de patata y de calabaza y déjelos cocer hasta que estén tiernos.*

*Incorpore el pimiento, el calabacín, el maíz y las judías, y déjelos hervir hasta que estén tiernos.*

# Setas rellenas

**Tiempo de preparación:**
25 minutos
**Tiempo de cocción:**
30 minutos
**Para 6 personas**

| | |
|---|---|
| **6 setas silvestres o champiñones grandes** | **4 rebanadas de pan de molde** |
| **3 lonchas de bacon** | **1 cucharada de hojas de tomillo frescas** |
| **2 cucharadas de aceite** | |
| **1 cebolla pequeña, picada fina** | **65 g de queso parmesano rallado** |
| **2 dientes de ajo, majados** | |

**1** Precaliente el horno a 180°C. Forre una bandeja de horno con papel de aluminio y engráselo con aceite o mantequilla derretida.

**2** Recorte los tallos de las setas y píquelos bien finos. Retire la corteza del bacon, deséchela y corte el bacon en tiras finas. Caliente el aceite en una sartén de fondo pesado. Añada la cebolla y el bacon y sofríalo a fuego medio durante 5 minutos o hasta que se dore. Agregue los tallos de las setas picados y el ajo y fríalo a fuego medio, removiendo de vez en cuando, durante 3 minutos o hasta que esté tierno. Pase la mezcla a un cuenco y déjela enfriar.

**3** Retire la corteza del pan, trocéelo y colóquelo en un robot de cocina. Encienda y apague el robot durante 20 segundos o hasta obtener un pan rallado de aspecto esponjoso. Incorpore el pan rallado, las hojas de tomillo y el parmesano al cuenco y remueva hasta mezclarlo bien. Salpimiéntelo.

**4** Coloque los sombrerillos de las setas en la bandeja preparada y rellénelos con la mezcla de pan rallado y bacon. Hornéelo durante 20 minutos o hasta que el pan rallado esté crujiente y dorado y las setas resulten tiernas. Sirva este plato caliente.

**VALOR NUTRITIVO POR RACIÓN**
proteínas 10 g; grasas 15 g; hidratos de carbono 10 g; fibra 2 g; colesterol 20 mg; 200 kcal (850 kJ)

**Nota** Para limpiar las setas o champiñones, elimine la suciedad con un paño de cocina o cualquier otro paño suave. No los sumerja en agua, pues se ablandarían y perderían su sabor. Para retirar los tallos, sostenga el sombrerillo en la palma de la mano y gire el tallo con suavidad.

*Retire la corteza del pan, trocéelo y colóquelo en un robot de cocina.*

*Disponga cucharadas de la mezcla de pan rallado y bacon en los sombrerillos de las setas.*

# Sopa de invierno

**Tiempo de preparación:**
30 minutos
**Tiempo de cocción:**
55 minutos
**Para 6 personas**

| | |
|---|---|
| 30 g de mantequilla | 2 zanahorias, troceadas |
| 1 puerro grande, en rodajas | 2 nabos, troceados |
| 1 diente de ajo, majado | 1,5 litros de caldo de |
| 2 chirivías, troceadas | verduras |
| 1 apio nabo, pelado y | 2 calabacines, en rodajas |
| troceado | 2 cucharadas de cebollino |
| 3 patatas, troceadas | fresco, picado |

**1** Derrita la mantequilla en una cacerola grande de fondo pesado y añada el puerro cortado en rodajas finas. Tápelo y rehóguelo a fuego lento durante 10 minutos o hasta que esté tierno y dorado.
**2** Añada el ajo majado y sofríalo durante 1 minuto, sin dejar de remover. Agregue las chirivías, el apio nabo, las patatas, las zanahorias, los nabos y el caldo y llévelo a ebullición.
**3** Baje el fuego y déjelo hervir, parcialmente tapado, durante 30 minutos o hasta que las verduras empiecen a estar tiernas. Añada los calabacines y siga cociendo 10 minutos más o hasta que todas las verduras estén tiernas. Incorpore el cebollino picado y sirva la sopa.

**VALOR NUTRITIVO POR RACIÓN**
proteínas 5 g; grasas 5 g; hidratos de carbono 25 g; fibra 10 g; colesterol 15 mg; 165 kcal (705 kJ)

*Use un cuchillo afilado para pelar el apio nabo y trocearlo.*

*Rehogue el puerro a fuego lento hasta que se dore y quede muy tierno.*

*Añada las verduras troceadas y el caldo a la cacerola y llévelo a ebullición.*

*Cubra parcialmente la cacerola y déjelo hervir hasta que las verduras empiecen a estar tiernas.*

# Canelones de espinacas y ricotta

**Tiempo de preparación:**
45 minutos
**Tiempo de cocción:**
1 hora 15 minutos
**Para 4–6 personas**

2 cucharadas de aceite de
  oliva
1 cebolla grande, picada
  fina
2 dientes de ajo, majados
1 kg de espinacas, picadas
650 g de queso ricotta
  fresco
2 huevos, poco batidos
$1/4$ cucharadita de nuez
  moscada recién molida
250 g de cilindros de pasta
  seca para canelones
150 g de mozzarella
  rallada
50 g de queso parmesano
  recién rallado

*Salsa de tomate*
1 cucharada de aceite de
  oliva
1 cebolla grande, picada
2 dientes de ajo, majados
800 g de tomates maduros,
  troceados
125 ml de vino blanco
2 cucharadas de
  concentrado de tomate
1 cucharadita de azúcar
  moreno
2 cucharadas de albahaca
  fresca picada

**1** Caliente el aceite en una cacerola grande de fondo pesado. Añada la cebolla y rehóguela durante 3 minutos o hasta que se dore. Incorpore el ajo y sofríalo durante 1 minuto. Añada las espinacas picadas y rehóguelas durante 2 minutos. Tape la cacerola y deje cocer al vapor entre 1 y 2 minutos o hasta que las espinacas estén tiernas. Déjelas enfriar un poco.

**2** Pase la mezcla de espinacas a un colador y estrújelas para eliminar el exceso de humedad. Mezcle las espinacas con el queso ricotta, los huevos batidos y la nuez moscada. Sazone la mezcla con sal y pimienta negra recién machacada. Precaliente el horno a 180°C y engrase ligeramente una fuente refractaria grande.

**3 Para preparar la salsa de tomate**: Caliente el aceite en una sartén grande y añada la cebolla picada. Rehóguela a fuego lento durante 5 minutos o hasta que esté tierna y dorada. Añada el ajo y sofríalo durante 1 minuto. Agregue el tomate, el vino blanco, el concentrado de tomate, el azúcar moreno y la albahaca picada. Llévelo todo a ebullición, baje el fuego y déjelo hervir durante 15 minutos.

**4** Cubra la base de la fuente preparada con un tercio de la salsa de tomate. Rellene los cilindros para canelones con unas 2 ó 3 cucharadas de la mezcla de espinacas y disponga los canelones en la fuente. Cúbralos con la salsa de tomate restante y esparza por encima la mozzarella y el parmesano. Hornéelos entre 40 y 45 minutos o hasta que los canelones estén tiernos y tengan un aspecto dorado y crujiente por encima.

**VALOR NUTRITIVO POR RACIÓN (6)**
proteínas 35 g; grasas 35 g; hidratos de carbono 40 g; fibra 10 g; colesterol 140 mg; 490 kcal (2505 kJ)

**Nota** Esta receta puede prepararse con láminas de pasta fresca para lasaña en lugar de cilindros de pasta seca para canelones. Corte las láminas para lasaña en rectángulos pequeños, coloque el relleno en un extremo y enrolle la lámina con firmeza de manera que no se salga el relleno. Disponga los canelones rellenos en la fuente de horno, con la juntura hacia abajo, y termine de preparar el plato de igual modo.

*Tape la cacerola y cueza las espinacas al vapor hasta que estén tiernas.*

*Rellene los cilindros para canelones con una cucharilla.*

# Encurtidos

Este sencillo método de conservar hortalizas es una reminiscencia de la época en que la habilidad de un cocinero se demostraba con las vistosas conservas que inundaban las estanterías de la despensa.

**Remolacha en vinagre**

Cueza 8 remolachas en una cacerola grande con agua hirviendo durante 20 minutos o hasta que estén tiernas. Escúrralas, déjelas enfriar y pélelas. (Tal vez desee usar guantes de goma para evitar mancharse las manos al pelarlas.) Corte la remolacha en rodajas e introdúzcalas en un tarro grande esterilizado y algo caliente, dispuestas en capas junto con 6 ramitas de romero, 1 cebolla en rodajas finas y la piel de 1 naranja. No llene el tarro del todo, deje libres unos 2 cm. En una cacerola mezcle 250 ml de vinagre blanco, la misma cantidad de vinagre de malta y 125 g de azúcar extrafino. Caliéntelo a fuego lento, sin dejar de remover, hasta que se disuelva el azúcar. Llévelo a ebullición y déjelo hervir unos 5 minutos. Déjelo enfriar y, a continuación, viértalo sobre la remolacha. Cierre el tarro herméticamente, etiquételo y guárdelo en un lugar fresco y oscuro.

**VALOR NUTRITIVO POR 100 G**
proteínas 1 g; grasas 0 g; hidratos de carbono 10 g; fibra 2 g; colesterol 0 mg; 55 kcal (235 kJ)

**Nota** Para preparar la piel de naranja, córtela en tiras con un cuchillo afilado. Retire la pielecilla blanca y deséchala. Corte la piel en tiras finas. Esto también puede hacerse con un pelador.

**Pepinos en vinagre al eneldo**

Corte 500 g de pepinos pequeños y firmes a cuartos, longitudinalmente. Ponga los trozos de pepino en un colador y esparza sal marina por encima. Cúbralo con un paño seco y déjelo reposar

toda una noche. Aclárelo bajo el grifo de agua fría y escúrralo bien. En una cacerola mezcle 750 ml de vinagre blanco, 3 cucharadas de azúcar extrafino, 2 cucharadas de semillas de mostaza amarilla, 2 cucharadas de semillas de eneldo y 2 cucharadas de granos de pimienta negra. Llévelo todo a ebullición, baje entonces el fuego y déjelo hervir 5 minutos. Introduzca los pepinos en un tarro esterilizado y algo caliente junto con 6 ramitas de eneldo. Vierta por

encima el líquido con las semillas y presione suavemente para eliminar las posibles burbujas de aire. Cierre el tarro herméticamente, etiquételo y guárdelo en un lugar fresco y oscuro durante al menos 3 semanas antes de servirlo, agitándolo de vez en cuando.

**VALOR NUTRITIVO POR 100 G**
proteínas 1 g; grasas 0 g; hidratos de carbono 5 g; fibra 1 g; colesterol 0 mg; 35 kcal (150 kJ)

**Nota** Los pepinos deben quedar totalmente cubiertos por la mezcla de vinagre.

### Cebollas en vinagre

Pele 1 kg de cebollas pequeñas para conserva y lávelas bajo el grifo de agua fría. Séquelas e introdúzcalas en tarros esterilizados. En una cacerola mezcle 1 litro de vinagre de malta, 2 cucharadas de pimienta de Jamaica, 2 cucharaditas de sal marina, 2 cucharadas de granos de pimienta negra, 6 clavos y 3 hojas de laurel. Llévelo todo a ebullición, baje el fuego y déjelo hervir 2 minutos. Déjelo enfriar un poco y, a continuación, viértalo sobre las cebollas. Cierre los tarros herméticamente.

**VALOR NUTRITIVO POR 100 G**
proteínas 1 g; grasas 0 g; hidratos de carbono 2 g; fibra 1 g; colesterol 0 mg; 20 kcal (85 kJ)

*De izquierda a derecha: Remolacha en vinagre; Pepinos en vinagre al eneldo; Cebollas en vinagre*

# Espárragos con salsa holandesa

**Tiempo de preparación:**
10 minutos
**Tiempo de cocción:**
10 minutos
**Para 4–6 personas**

| | |
|---|---|
| 4 yemas de huevo | de limón |
| 185 g de mantequilla, fundida | ¹/₂ cucharadita de pimienta negra recién machacada |
| 2 cucharadas de zumo | 310 g de espárragos frescos |

**1** Ponga las yemas de huevo en un robot de cocina y bátalas durante 20 segundos. Con el motor en marcha, añada la mantequilla fundida en un chorro fino y constante y siga batiendo hasta obtener una mezcla espesa y cremosa. Incorpore el zumo de limón y la pimienta y sálelo.

**2** Recorte los extremos leñosos de los espárragos y deséchelos. Agréguelos a una cacerola de agua hirviendo. Cuézalos entre 2 y 3 minutos o hasta que los espárragos estén tiernos y adquieran un color verde intenso. Escúrralos de inmediato y dispóngalos en fuentes para servir. Vierta cucharadas de la salsa holandesa por encima.

**VALOR NUTRITIVO POR RACIÓN (6)**
proteínas 3 g; grasas 30 g; hidratos de carbono 1 g; fibra 1 g; colesterol 200 mg; 270 kcal (1135 kJ)

**Nota** La salsa holandesa puede mantenerse caliente en un cuenco al baño maría mientras se cuecen los espárragos. No obstante, no la caliente demasiado, pues podría cortarse.

# Espinacas a la crema

**Tiempo de preparación:**
5 minutos
**Tiempo de cocción:**
10 minutos
**Para 4 personas**

| | |
|---|---|
| 500 g de espinacas | ¹/₄ cucharadita de nuez moscada molida |
| 1 cebolla | |
| 30 g de mantequilla | 30 g de queso cheddar rallado |
| 60 ml de nata líquida | |

**1** Lave las espinacas y trocéelas. Corte la cebolla en rodajas finas.
**2** Caliente la mantequilla en una sartén grande de fondo pesado. Añada la cebolla y rehóguela a fuego medio durante 5 minutos o hasta que esté tierna y dorada. Agregue las espinacas y fríalas durante 2 minutos o hasta que se ablanden.

**3** Incorpore la nata líquida y la nuez moscada y siga cociendo 2 minutos más o hasta que las espinacas estén tiernas y la nata se haya calentado bien. Esparza el queso por encima y sírvalo caliente.

**VALOR NUTRITIVO POR RACIÓN**
proteínas 5 g; grasas 15 g; hidratos de carbono 3 g; fibra 4 g; colesterol 45 mg; 170 kcal (715 kJ)

**Nota** Si desea una textura más fina puede triturar las espinacas a la crema en un robot de cocina. En esta receta, puede utilizar espinacas congeladas. Asegúrese de que se han descongelado por completo y que no contienen exceso de humedad; para ello escúrralas estrujándolas o déjelas secar sobre papel de cocina.

*Espárragos con salsa holandesa (arriba) y Espinacas a la crema*

# Pilaf con verduras

**Tiempo de preparación:**
20 minutos
**Tiempo de cocción:**
30 minutos
**Para 6 personas**

60 g de mantequilla
2 cebollas, en rodajas
2 dientes de ajo, majados
1 pimiento rojo grande, picado
400 g de arroz basmati
1,25 litros de caldo de verduras
235 g de guisantes

los granos de 1 mazorca de maíz fresca
50 g de queso parmesano rallado
2 cucharadas de cebollino fresco picado
2 cucharadas de cilantro fresco picado

**1** Derrita la mantequilla en una cacerola grande. Rehogue la cebolla a fuego lento durante 5 minutos o hasta que esté tierna. Incorpore el ajo y sofríalo durante 1 minuto.

**2** Agregue el pimiento y el arroz y sofríalo durante 3 minutos. Incorpore el caldo y llévelo a ebullición, removiendo una vez. Baje el fuego y déjelo hervir 5 minutos o hasta que se haya absorbido la mayor parte del líquido.

**3** Añada los guisantes y el maíz y tape la cacerola. Cuézalo a fuego lento 10 minutos o hasta que el arroz esté tierno. Incorpore el parmesano y las hierbas. Sazone al gusto.

**VALOR NUTRITIVO POR RACIÓN**
proteínas 15 g; grasas 10 g; hidratos de carbono 65 g; fibra 5 g; colesterol 35 mg; 230 kcal (1800 kJ)

*Con un cuchillo afilado, separe los granos de maíz de la mazorca.*

*Añada el pimiento y el arroz al sofrito de cebolla y ajo.*

*Incorpore el caldo de verduras y llévelo a ebullición, removiendo una vez.*

*Cuando el caldo haya hervido, déjelo cocer hasta que se absorba el líquido.*

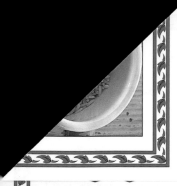

| | |
|---|---|
| 1 kg de patatas | 2 huevos, poco batidos |
| 1 cebolla | 40 g de harina blanca |
| 2 cucharadas de cebollino fresco picado | 2 cucharadas de aceite de oliva |
| 2 cucharadas de perejil fresco picado | 40 g de mantequilla |

**1** Ralle las patatas y la cebolla. Aclare la patata y escurra el exceso de humedad.

**2** En un cuenco, mezcle bien la patata rallada, la cebolla, el cebollino, el perejil, los huevos batidos y la harina.

**3** Caliente el aceite y la mantequilla en una sartén grande de fondo pesado. Ponga cucharadas colmadas de la mezcla en la sartén y aplánelas. Fríalo a fuego medio, en tandas de 3 ó 4 cucharadas, entre 2 y 3 minutos o hasta que se dore y esté crujiente. Entonces, déle la vuelta y dórelo por el otro lado. Escurra los rosti sobre papel de cocina y manténgalos calientes mientras fríe el resto. Resultan deliciosos con una ensalada verde o con unas lonchas de bacon en el desayuno.

**VALOR NUTRITIVO POR RACIÓN**
proteínas 5 g; grasas 15 g; hidratos de carbono 35 g; fibra 4 g; colesterol 80 mg; 280 cal (1175 kJ)

*Pique finamente el cebollino y el perejil hasta obtener 2 cucharadas de cada hierba.*

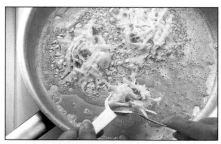

*Aclare la patata rallada y escurra el exceso de humedad.*

*Mezcle la patata, la cebolla, el cebollino, el perejil, los huevos y la harina.*

*Fría cucharadas colmadas de la mezcla en la sartén con aceite y mantequilla caliente.*

# Tartaletas de pesto y bocconcini

**Tiempo de preparación:**
20 minutos
**Tiempo de cocción:**
45 minutos
**Para 4 personas**

6 tomates de pera
  pequeños
6 bocconcini
1 lámina de hojaldre
1 huevo, poco batido

*Pesto*
30 g de hojas de albahaca
2 dientes de ajo, picados
2 cucharadas de piñones
25 g de queso parmesano
  rallado
60 ml de aceite de oliva

**1** Precaliente el horno a 200°C. Corte los tomates de pera por la mitad longitudinalmente y dispóngalos sobre una bandeja de horno antiadherente, con la cara cortada hacia arriba. Esparza sal marina y pimienta negra recién machacada por encima. Hornéelos durante 30 minutos o hasta que estén tiernos. Retírelos del horno y déjelos enfriar ligeramente.

**2 Para preparar el pesto:**
Ponga las hojas de albahaca, el ajo picado, los piñones y el parmesano rallado en un robot de cocina. Tritúrelo hasta obtener una pasta fina. Con el motor en marcha, añada de manera gradual el aceite de oliva y siga triturando hasta que la mezcla sea homogénea.

**3** Corte cada bocconcini por la mitad. Corte la lámina de hojaldre en cuatro. Coloque una cucharada de pesto en el centro de cada cuadrado de hojaldre y extiéndala con el dorso de la cuchara, dejando un borde de 2 cm.

**4** Disponga 3 mitades de tomate y 3 mitades de bocconcini sobre el pesto de manera decorativa. Pinte un poco el borde con el huevo batido. Hornee las tartaletas en una bandeja de horno antiadherente durante 15 minutos o hasta que el hojaldre haya subido y esté dorado, y el bocconcini se haya fundido.

**VALOR NUTRITIVO POR RACIÓN**
proteínas 30 g; grasas 45 g; hidratos de carbono 10 g; fibra 2 g; colesterol 105 mg; 555 kcal (2340 kJ)

**Nota** Bocconcini es el nombre que se da a las pequeñas bolas de mozzarella fresca. En su origen se elaboraban con leche de búfala, pero actualmente se utiliza leche de vaca para su fabricación. A la hora de adquirir bocconcini, elija los que se vean blancos y no acepte los que presenten tonos amarillentos. Consérvelos en el suero en que se venden hasta el momento de su utilización.

*Ase las mitades de tomate sazonadas hasta que estén tiernas.*

*Con el motor del robot de cocina en marcha, añada el aceite de oliva de manera gradual.*

Corte los bocconcini por la mitad con un cuchillo de cocina bien afilado.

Extienda una cucharada de pesto sobre cada cuadrado de masa de hojaldre.

# Índice

Cubierta: Zanahorias
glaseadas con miel; Coliflor
al queso; Verduras salteadas;
Tarta de espinacas y feta